© 2024, Editorial Libsa
C/ Puerto de Navacerrada, 88
28935 Móstoles (Madrid)
Tel.: (34) 91 657 25 80
e-mail: libsa@libsa.es
www.libsa.es

ISBN: 978-84-662-4151-9

Texto: Belén Martul Hernández
Ilustración: Daniel Lorite Maeso
Imágenes de apoyo: Archivo Libsa, Shutterstock images

Queda prohibida, salvo excepción prevista en la ley, cualquier forma de reproducción, distribución, comunicación pública y transformación de esta obra sin contar con autorización de los titulares de la propiedad intelectual. La infracción de los derechos mencionados puede ser constitutiva de delito contra la propiedad intelectual (arts. 270 y ss. Código Penal). El Centro Español de Derechos Reprográficos vela por el respeto de los citados derechos.

DL: M-18730-2023

CONTENIDO

¿Qué hay dentro del Sol?	6
¿Qué hay dentro de la Tierra?	8
¿Qué hay dentro de Saturno?	10
¿Qué hay dentro de un volcán?	12
¿Qué hay dentro de una falla?	14
¿Qué hay dentro de una fosa oceánica?	16
¿Qué hay dentro de un fósil?	18
¿Cómo es un manglar por dentro?	20
¿Cómo es por dentro un árbol?	22
¿Cómo se ve de cerca una hoja?	24
¿Cómo es por dentro una flor?	26
¿Qué hay dentro de un fruto?	28
¿Qué hay dentro de una semilla?	30
¿Qué hay dentro de una planta carnívora?	32
¿Cómo es por dentro un nenúfar?	34
¿Cómo es por dentro una colmena?	36
¿Cómo es por dentro un hormiguero?	38
¿Cómo es por dentro una topera?	40
¿Cómo es una tela de araña?	42
¿Qué hay dentro de una crisálida?	44
¿Qué es un renacuajo?	46
¿Cómo es por dentro una tortuga?	48
¿Tienen los peces esqueleto por dentro?	50
¿Y cómo son los peces cartilaginosos por dentro?	52
¿Cómo es por dentro un colmillo de serpiente?	54
¿Cómo es por dentro un huevo?	56
¿Cómo es por dentro una pluma?	58
¿Cómo somos por dentro?	60
¿Qué hay dentro de la tripa de mamá?	62
Palabras para aprender	64

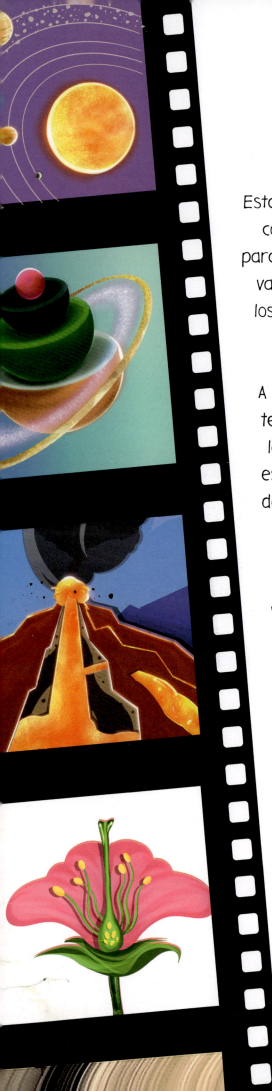

INTRODUCCIÓN

Estamos rodeados de vida, de estructuras naturales que funcionan con tal perfección que nos siguen causando sorpresa. ¿Te has parado a observar con detalle lo que ocurre a tu alrededor cuando vas al parque, a la montaña o a la playa?, ¿cómo son por dentro los seres vivos que te rodean?, ¿cómo funciona todo ese sistema natural al que perteneces?

A lo largo de este libro vas a realizar un viaje de exploración que te llevará a poner a prueba todos tus sentidos, a que adquieras la costumbre de observar con un poco más de detalle cómo es ese mundo vivo que te rodea, a que comiences a averiguar parte de sus misterios y puedas dar algunas respuestas a la pregunta: ¿qué secretos esconde la naturaleza?

El viaje comienza en el espacio, en el principio de todo, de la vida tal y como la conocemos, para terminar con el origen de tu propia existencia, en la tripa de tu mamá, y seas así consciente de dónde vienes. Habrá que mirarlo todo con lupa para no perder ninguna pista y leer los mensajes que la naturaleza nos va dejando en cada sitio en el que ponemos la mirada.

Empezaremos analizando el Sol, fuente de vida del sistema solar, y los diferentes tipos de planetas que lo forman. Pondremos los pies en la Tierra, ese gran globo azul en el que habitamos. De qué está hecha, cómo son los movimientos de la superficie terrestre, qué se esconde en el fondo de los océanos y qué secretos oculta en su interior. Entre sus sedimentos vamos a encontrar y analizar esos fantásticos restos fósiles que tanta información nos han dejado de la vida que no llegamos a conocer: ¿cómo eran esos seres vivos de hace millones de años?, ¿cómo se alimentaban?, ¿en qué hábitat vivían?

En este punto, el viaje nos lleva a centrarnos en la naturaleza cotidiana, la que vemos cuando paseamos por un parque. ¿Te has fijado en los árboles y plantas que te rodean? Acércate un poco más y mira con detalle la vida que encierran: cómo son realmente los árboles por dentro, las hojas, las flores, los frutos y las semillas. El ciclo de la vida se da continuamente a tu alrededor.

Mira todavía con más atención, ¿ves esa tela de araña?, ¿sabes de qué está hecha?, ¿cuál es su función?, ¿imaginas lo resistente que es? Puede que encuentres alguna colmena con secretos fascinantes en su interior por descubrir, o quizá veas mariposas por el campo: ¿sabes todas las transformaciones que sufren antes de llegar a tener ese aspecto?

El reino animal está repleto de curiosidades que revelan sus secretos en las páginas de este libro. Bajo tierra, o en el agua, encontramos otro tipo de habitantes. ¿Quieres saber cómo se transforman los anfibios y qué son exactamente los renacuajos?, ¿qué hay debajo del caparazón de una tortuga y en qué se diferencian unos peces de otros? Seguro que las serpientes tampoco te son indiferentes, ¿sabes cómo son sus colmillos? El mundo de las aves no se queda atrás, ¿qué hay dentro de los huevos y qué secretos esconden sus plumas? Y, para finalizar, ¿te gustaría descubrir cómo tu cuerpo se mantiene en pie y de qué modo creciste en el vientre de tu madre hasta llegar aquí?

Inicias un **viaje de descubrimiento.**
Pon todos tus sentidos a funcionar
y adéntrate en los
secretos de la naturaleza.
¡Qué cantidad de misterios por
descubrir! ¡Empezamos!

¿Qué hay dentro del Sol?

El sistema solar se originó hace unos 4600 millones de años. Está formado por una única estrella, el Sol, alrededor de la cual giran ocho planetas. Los cuatro más cercanos son Mercurio, Venus, la Tierra y Marte, denominados también planetas rocosos. Un cinturón de asteroides separa este primer grupo de Júpiter, Saturno, Urano y Neptuno, que son los planetas exteriores, llamados también planetas gaseosos. El Sol es el centro del sistema solar y ¡su masa representa el 99,8 % del mismo!

Si el Sol fuera una esfera vacía, ¡se necesitaría cerca de un millón de Tierras para llenarla!

INTERIOR DEL SOL

1 NÚCLEO
Dentro del núcleo se origina la energía del Sol. Alcanza una temperatura de más de 15 millones de grados centígrados.

2 ZONA RADIATIVA
Esta capa es la zona que rodea al núcleo. Es la más densa de todas y la energía tarda entre 10 000 y 200 000 años en atravesarla.

3 ZONA CONVECTIVA
En esta zona se transporta la energía a través de grandes masas de gas.

4 CROMOSFERA
Es una capa de gas de color naranja rojizo.

5 FOTOSFERA
Esta parte del Sol es una capa delgada, y es desde donde se emite la luz. Por tanto, la fotosfera es la capa del Sol que vemos desde la Tierra.

6 CORONA
Es una capa tenue de plasma que rodea la superficie del Sol. Puede alcanzar 2 millones de grados.

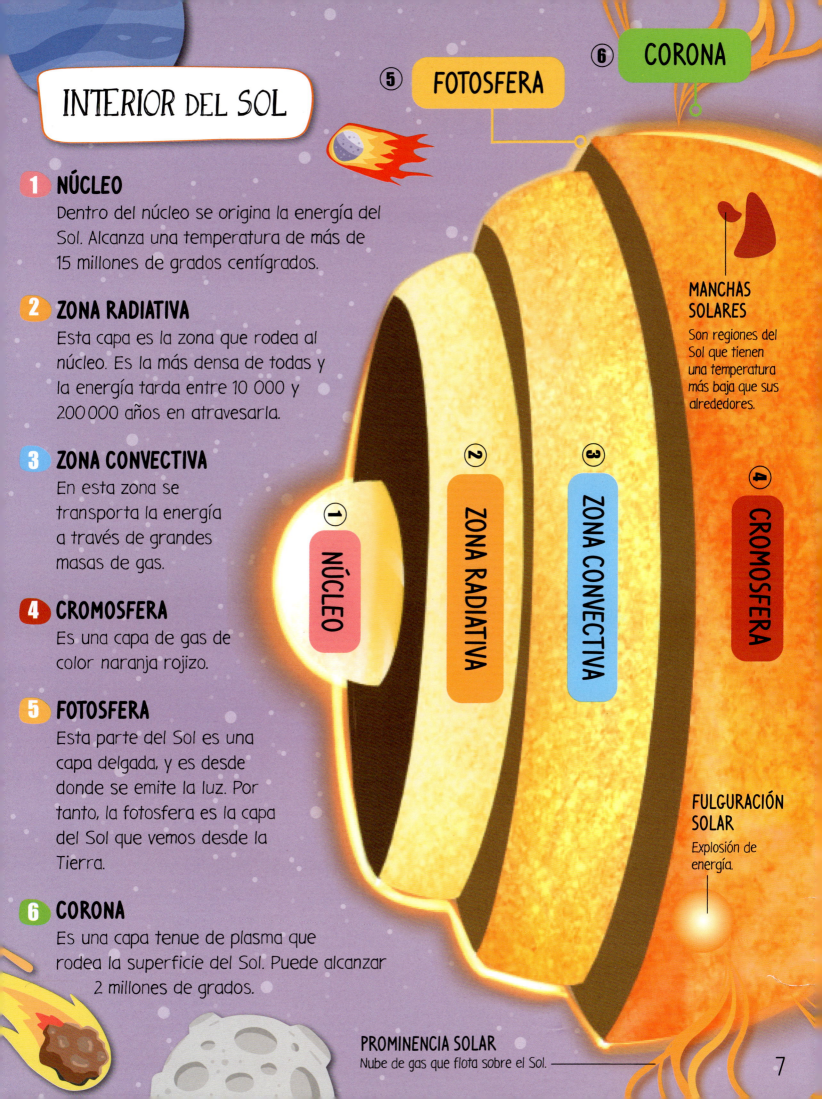

MANCHAS SOLARES
Son regiones del Sol que tienen una temperatura más baja que sus alrededores.

FULGURACIÓN SOLAR
Explosión de energía.

PROMINENCIA SOLAR
Nube de gas que flota sobre el Sol.

¿Qué hay dentro de la Tierra?

Nuestro planeta está compuesto por una gran variedad de materiales que se distribuyen en capas. Los más ligeros ocupan las capas exteriores, mientras que los más pesados conforman las capas interiores.

1 CORTEZA

Está compuesta por distintos tipos de rocas. Es la capa más externa y delgada, y se divide en corteza oceánica y corteza continental. La corteza oceánica se encuentra en el fondo de mares y océanos y su espesor varía entre 5 y 12 km, mientras que la corteza continental ocupa el resto de la superficie y tiene un espesor en torno a los 35 km.

2 MANTO SUPERIOR

El manto, la capa situada entre la corteza y el núcleo, se extiende hasta una profundidad de casi 3000 km: es la capa más gruesa de la Tierra. El manto superior se encuentra en estado sólido y es en donde se hallan las placas tectónicas, que son planchas rígidas de roca que flotan sobre el manto inferior.

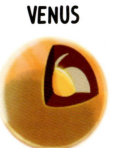 

MERCURIO   VENUS   MARTE

La Tierra es un planeta rocoso, como Mercurio, Venus y Marte. Estos planetas se caracterizan por tener un núcleo metálico rodeado de un manto de silicatos.

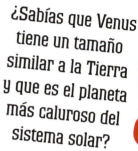

¿Sabías que Venus tiene un tamaño similar a la Tierra y que es el planeta más caluroso del sistema solar?

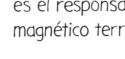

3 MANTO INFERIOR

En el manto inferior, debido a las altas temperaturas, la materia sólida se derrite y origina una masa fundida conocida como magma. Esta capa está compuesta por rocas de silicato, que son más ricas en hierro y magnesio que las existentes en la corteza.

4 NÚCLEO EXTERNO

El núcleo es la capa más interna y posee un radio de unos 3500 km: un tamaño semejante al del planeta Marte. Debido a sus altas temperaturas (unos 6000 °C, los mismos que hay en la superficie del Sol), se encuentra en estado líquido y, por su composición, es el responsable del campo magnético terrestre.

5 NÚCLEO INTERNO

El núcleo interno es una especie de bola de metal sólido compuesto por los elementos más pesados del planeta. Está formado principalmente por hierro y níquel, junto con cobre, oxígeno y azufre.

¿Qué hay dentro de SATURNO?

El «planeta de los anillos», Saturno, es el segundo más grande del sistema solar, después de Júpiter, y el más plano. Es famoso por sus anillos, divididos en siete grupos principales. Cada anillo es en realidad miles de anillos agrupados, de diferentes grosores. Están formados por fragmentos de hielo y rocas espaciales, con tamaños que van desde un grano de arena hasta el de una casa.

JÚPITER

URANO

NEPTUNO

Saturno es un planeta gaseoso, como Júpiter, Urano y Neptuno, lo que significa que está constituido fundamentalmente por gases y líquidos. ¡Sería realmente difícil ponernos en pie sobre cualquiera de ellos!

Titán

TITÁN

Saturno está rodeado de satélites o lunas de diversos tamaños. La más conocida es Titán, la segunda más grande del sistema solar con sus 2574,7 km de radio. Es más grande que el planeta Mercurio.

EL HEXÁGONO DE SATURNO

En el polo norte presenta una forma hexagonal de 30 000 km de ancho. Una corriente en chorro que cambia de color con las estaciones con una gigantesca tormenta en su centro.

Polo norte

Saturno es el único planeta del sistema solar menos denso que el agua. Si tuviéramos una piscina lo suficientemente grande para sumegirlo en agua, ¡flotaría!

NÚCLEO

HIDRÓGENO METÁLICO

HIDRÓGENO LÍQUIDO

HIDRÓGENO GASEOSO

ANILLOS

LOS ANILLOS DE SATURNO
Los anillos tienen una longitud de miles de kilómetros y sus partículas giran a 48 000 km/h, 15 veces más rápido que una bala.

Anillos de Saturno fotografiados por la sonda Cassini.

¿Qué hay dentro de un volcán?

Un volcán es como una montaña muy grande por la que sale el magma, que son rocas del interior de la Tierra que están fundidas, es decir, derretidas y muy calientes. El magma sale en forma de lava, cenizas y gases volcánicos: eso se llama erupción.

Mauna Loa

El volcán más grande del mundo, con 4 160 m sobre el nivel del mar, es el Mauna Loa y está ubicado en Hawái. Las erupciones pueden lanzar ceniza al aire hasta 30 km. La temperatura del magma en el interior del volcán oscila entre 1 200 °C y 800 °C. Una vez en el exterior, ya conocido como lava, alcanza una temperatura de unos 1 000 °C.

Los expertos en volcanes se llaman vulcanólogos. Esta palabra viene del latín *Vulcanus* (Vulcano, dios del fuego) y el griego *lógos*, 'experto en'.

CHIMENEA LATERAL
La lava emerge a través de las grietas en la roca en los laterales del volcán.

CONO
Está formado por estratos alternos de ceniza y lava de erupciones anteriores.

ERUPCIONES VOLCÁNICAS RECIENTES

DESDE LA CIMA
Una mezcla de lava, vapor, gas y ceniza es expulsada al aire junto a productos sólidos llamados «piroclastos».

En el año 79 d.C., la erupción del Vesubio supuso el fin de la ciudad de Pompeya, sepultada bajo las cenizas y piedras expulsadas por el volcán.

CRÁTER
Por esta abertura en forma de embudo de la cima del volcán salen la lava, ceniza, vapor y gas.

CHIMENEA PRINCIPAL
Asciende desde la cámara magmática y permite que el magma sea expulsado en forma de lava.

CÁMARA MAGMÁTICA
El magma asciende desde el manto, acumulándose en grandes bolsas bajo la corteza, donde se mezcla con gases y agua. A causa de la presión del calor en el manto, el magma sube por la chimenea hasta alcanzar la superficie.

¿Qué hay dentro de una falla?

Una falla geológica es una fractura que se produce en un segmento de la corteza terrestre y que provoca un desplazamiento entre dos bloques. Su tamaño puede ser desde unos centímetros hasta varios kilómetros, y solo se considera activa si ha tenido movimiento en los últimos 10 000 años. ¿Sabías que las fallas que tienen un elevado rozamiento pueden causar terremotos?

PLANO DE FALLA
Superficie sobre la que se desplazan los bloques. Puede ser vertical, horizontal o inclinada.

SALTO DE FALLA
Distancia entre los bloques que se han movido.

BLOQUE DE FALLA LEVANTADO (O MURO)
Porción de corteza que se desplaza y queda por encima.

BLOQUE DE FALLA HUNDIDO O (TECHO)
Porción de corteza que se desplaza y queda por debajo.

Las fallas se desplazan horizontalmente desde unos milímetros a unos cuantos centímetros al año.

ALGUNOS TIPOS DE FALLAS

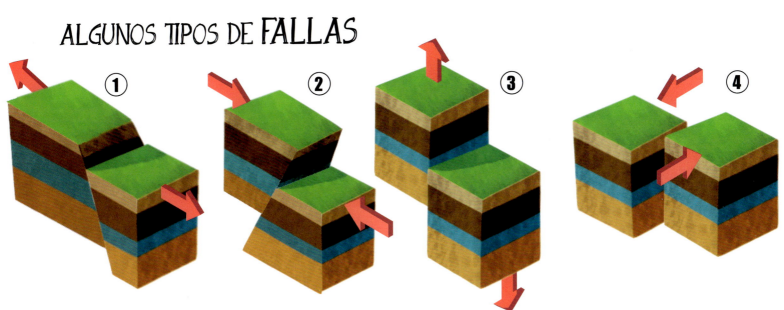

NORMAL
El bloque hundido se desplaza hacia abajo respecto al otro siguiendo un plano inclinado.

INVERSA
Ambos bloques se empujan entre sí y el bloque elevado se inclina sobre el bloque hundido.

VERTICAL
Un bloque se eleva sobre el otro siguiendo un plano vertical.

DE DESGARRE
Los bloques se desplazan entre sí siguiendo una línea horizontal.

LA FALLA DE SAN ANDRÉS, LA MÁS PELIGROSA

Son muchas las fallas activas del planeta, pero la falla de San Andrés es sin duda la más famosa. Recorre el centro y el sur de California y ha provocado devastadores terremotos, como el ocurrido en San Francisco en 1906. La parte más peligrosa se sitúa cerca de Los Ángeles.

EEUU

Falla de San Andrés

CALIFORNIA

La falla de San Andrés tiene más de 1200 km de longitud.

SAN FRANCISCO

Falla de San Andrés

LOS ÁNGELES

¿Qué hay dentro de una fosa oceánica?

Una fosa oceánica es una depresión larga que se encuentra en el fondo marino. Se forma al chocar dos placas cerca de la plataforma continental, o junto a islas volcánicas. Una placa se sumerge debajo de la otra y se origina una depresión entre ellas que se llena de agua.

- FONDO MARINO
- NIVEL DEL MAR
- COSTA
- PLATAFORMA CONTINENTAL

> Son los lugares más profundos localizados bajo la superficie del mar. ¡Pueden alcanzar hasta los 11 km de profundidad!

- FONDO ABISAL
- TALUD CONTINENTAL

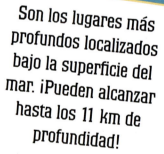

- FOSA OCEÁNICA

LA FOSA DE LAS MARIANAS

Tiene forma de media luna y se encuentra a unos 200 km de las islas Marianas. La expedición Challenger la sondeó por primera vez en 1875 y dio nombre a la parte más profunda, el abismo Challenger. Tiene unos 11 000 m de profundidad. Si el monte más alto del planeta, el Everest, se depositara en su fondo, ¡su cima estaría todavía a más de 2 000 m bajo el agua!

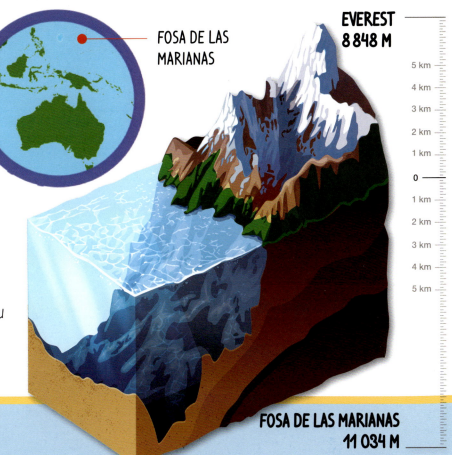

FOSA DE LAS MARIANAS

EVEREST 8 848 M

FOSA DE LAS MARIANAS 11 034 M

¿QUÉ ESPECIES VIVEN EN LAS FOSAS OCEÁNICAS?

El conocimiento de las profundidades marinas sigue siendo escaso. Se calcula que casi el 80 % del fondo oceánico está aún sin explorar. Faltan muchos datos de la fauna marina. ¡Se ha llegado a ver algún calamar a 6 500 m de profundidad y una medusa a 10 000 m!

LAS FOSAS MÁS PROFUNDAS DE LA TIERRA
APARTE DE LAS MARIANAS

- FOSA DE TONGA (10 882 M)
- FOSA DE LAS ISLAS FILIPINAS (10 540 M)
- FOSA KURILES (10 542 M)
- FOSA DE KERMADEC (10 047 M)

¿Sabías que el ser humano ha estado más veces en la Luna que en el fondo de las fosas oceánicas?

PECES ABISALES
Los peces abisales, como el pez lámpara, viven a cientos de metros bajo el nivel del mar, allí donde la luz no llega.

¿Qué hay dentro de un fósil?

Un fósil es el resto de un ser vivo del pasado que quedó enterrado en unas condiciones muy especiales y que, en su mayoría, ha llegado hasta nosotros formando parte de rocas sedimentarias. Nos descubren un mundo fascinante de hace miles y millones de años, aunque la realidad es que muy pocos seres vivos llegan a fosilizar. ¿Quieres conocer cómo son y cómo se forman?

PROCESOS DE FOSILIZACIÓN

La fosilización no es algo que ocurra a menudo y con facilidad. Se tienen que dar una serie de condiciones muy específicas para producirse:

2. FOSILIZACIÓN SEDIMENTARIA

En la fosilización sedimentaria los restos quedan convertidos en piedra:

① DEPÓSITO

Un ser vivo muere y queda en la superficie terrestre. No debe permanecer expuesto durante mucho tiempo para no ser alimento de depredadores o que sus restos se acaben descomponiendo por estar a la intemperie.

1. INCLUSIÓN

A veces un cuerpo queda cubierto por la resina de un árbol. En este caso puede que se conserve completo dentro de este fósil de ámbar. Lo que tendremos será el ser vivo fosilizado.

② ENTERRAMIENTO

Debe quedar enterrado lo más rápidamente posible en arena, barro y sedimentos. Cuanto más cerca esté del agua, y menos agentes biológicos y mecánicos actúen, será más fácil que fosilice.

ALGUNOS TIPOS DE FÓSILES

COPROLITO ▶
Caca de dinosaurio fosilizada.

FÓSILES CORPORALES ▶
Son los restos como huesos, dientes u otras partes de lo que fueron dinosaurios.

ICNITAS ▶
Huellas fosilizadas de dinosaurios.

FÓSILES VEGETALES ▶
Plantas que vivieron en tiempos geológicos pasados y que se han conservado fosilizadas en las rocas.

Es difícil que las partes blandas de los seres vivos lleguen a fosilizarse; por eso, cuando se localizan, constituyen verdaderos hallazgos. Fue el caso de los restos de *Archaeopteryx* encontrados en Alemania, que parecían de un antiguo dinosaurio reptil, pero ¡con plumas!

③ FORMACIÓN Y CONSERVACIÓN

Con el paso de los años, diferentes capas de sedimentos se acumulan formando estratos que presionan sobre el resto enterrado y lo conservan en su interior. Los minerales se filtran en los huesos y crean sustancias más duras.

④ SALIDA A LA SUPERFICIE

Los diferentes movimientos de la tierra, y la erosión, pueden hacer que afloren a la superficie partes de roca que contienen los restos fósiles, lo que nos permitirá descubrirlos y, con ellos, analizar formas de vida de hace muchos, muchos años.

¿Cómo es por dentro un manglar?

Un manglar es una formación vegetal leñosa compuesta por árboles muy tolerantes a las sales, pues crecen en zonas intermareales cercanas a desembocaduras de cursos de agua dulce.

HOJAS
Para sobrevivir en un ambiente tan salado sin secarse, algunas hojas se han adaptado con glándulas que segregan el exceso de sal y con una cubierta que evita la pérdida de su propia agua.

HÁBITAT
Los bosques de manglar proporcionan refugio y alimento a diversas especies de peces durante sus primeras etapas de vida. Forman un ecosistema fascinante.

Los manglares ofrecen protección contra marejadas ciclónicas. En el 2004 se produjo un devastador tsunami en la costa sureste de India. Mientras muchas zonas fueron devastadas, los pueblos escondidos detrás de los manglares ¡salieron indemnes de esta catástrofe!

Los manglares son capaces de sobrevivir en aguas unas 100 veces más saladas que las que pueden soportar la mayoría de plantas de agua dulce.

HOGAR, DULCE HOGAR
Los manglares son el hogar de muchos murciélagos insectívoros. También son el hábitat de especies migratorias, principalmente aves.

RAÍCES
Son gruesas y se sitúan por encima y por debajo del agua. Algunas poseen sistemas sofisticados de filtración para evitar absorber el exceso de sal. Las raíces aéreas ayudan a obtener oxígeno.

SUELO
Por debajo del agua las raíces están sobre suelos espesos y fangosos.

¿Cómo es por dentro un árbol?

El árbol es el organismo vivo más antiguo del planeta. Está compuesto por un tronco leñoso que se va ramificando desde su base hasta la parte más alta de la copa. Se ancla al suelo por medio de las raíces y puede vivir mucho tiempo.

El árbol con el tronco más grande del mundo es el Árbol del Tule (México). Tiene más de 14 m de diámetro, una altura de 42 m y pesa más de 600 toneladas. ¡Se necesitan más de 30 personas para abrazarlo!

MÉDULA
Parte central del tronco.

DURAMEN
Rodea a la médula.

El «Gran Abuelo» de Chile es el árbol más viejo del mundo, con ¡más de 5 400 años!

ANILLOS DE CRECIMIENTO
Permiten conocer la edad del árbol.

CORTEZA
Capa externa del tronco.

FLOEMA
Sistema circulatorio del árbol por donde circula la savia.

CAMBIUM
Fabrica nuevas células para formar madera.

ALBURA
Formada por células jóvenes. Es más abundante cuanto más joven es el árbol.

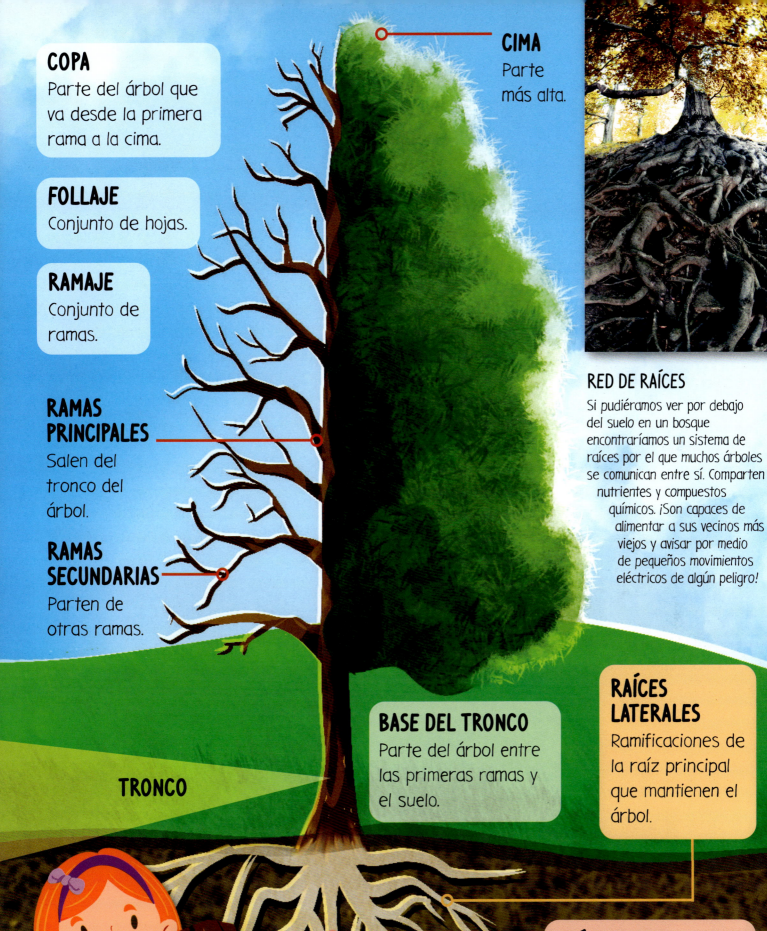

COPA
Parte del árbol que va desde la primera rama a la cima.

FOLLAJE
Conjunto de hojas.

RAMAJE
Conjunto de ramas.

RAMAS PRINCIPALES
Salen del tronco del árbol.

RAMAS SECUNDARIAS
Parten de otras ramas.

CIMA
Parte más alta.

RED DE RAÍCES
Si pudiéramos ver por debajo del suelo en un bosque encontraríamos un sistema de raíces por el que muchos árboles se comunican entre sí. Comparten nutrientes y compuestos químicos. ¡Son capaces de alimentar a sus vecinos más viejos y avisar por medio de pequeños movimientos eléctricos de algún peligro!

TRONCO

BASE DEL TRONCO
Parte del árbol entre las primeras ramas y el suelo.

RAÍCES LATERALES
Ramificaciones de la raíz principal que mantienen el árbol.

RAÍZ PRIMARIA
Raíz principal que se hunde verticalmente en el suelo.

¿Cómo se ve de cerca una hoja?

La hoja es la parte más reconocible de la planta. Se encarga de captar la luz solar y realizar la fotosíntesis. En ella se produce también la respiración y la transpiración vegetal, en la que se elimina, en forma de vapor, el agua que sobra y que llega desde las raíces. Las hojas han adaptado sus formas para optimizar la captación de la luz y evitar pérdidas de agua.

HAZ
Parte superior del limbo.

LIMBO
Lámina de la hoja.

BASE
Parte baja de la hoja que se une al peciolo.

ÁPICE
Punta de la hoja.

ENVÉS
Parte inferior del limbo.

ESTOMAS
Situados en el envés, ayudan en el proceso de intercambio de gas y agua con la atmósfera.

NERVADURA
Va del nervio central al borde de las hojas.

NERVIO CENTRAL
Recorre la parte media de la hoja.

PECIOLO
Tallito que une la base al tallo de la planta.

BORDE
Límite de la hoja.

CO_2 — ESTOMA ABIERTO

ESTOMA CERRADO — H_2O — O_2

¿Cómo es por dentro una flor?

La flor es la parte reproductora de las plantas. Algunas flores tienen significados especiales y otras destacan por su belleza o por sus cualidades extraordinarias. No siempre existieron. Aparecieron hace unos 140 millones de años y ¡actualmente hay más de 270 000 flores distintas!

INTERIOR DE UNA FLOR

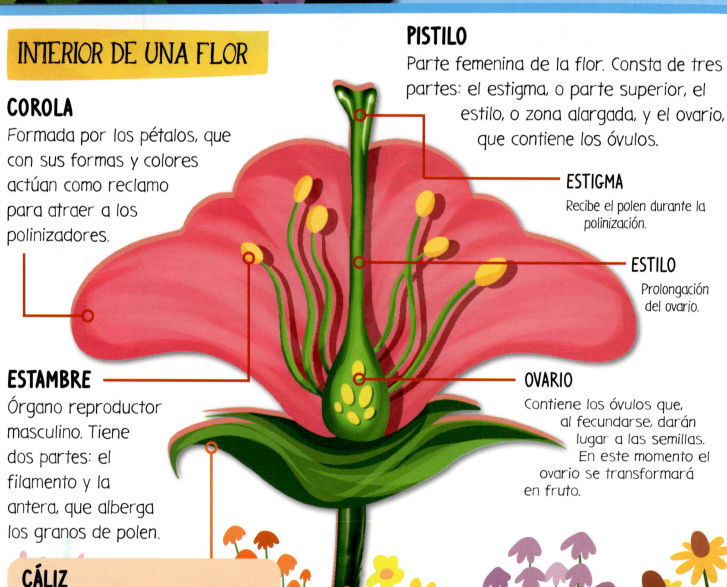

COROLA
Formada por los pétalos, que con sus formas y colores actúan como reclamo para atraer a los polinizadores.

PISTILO
Parte femenina de la flor. Consta de tres partes: el estigma, o parte superior, el estilo, o zona alargada, y el ovario, que contiene los óvulos.

ESTIGMA
Recibe el polen durante la polinización.

ESTILO
Prolongación del ovario.

OVARIO
Contiene los óvulos que, al fecundarse, darán lugar a las semillas. En este momento el ovario se transformará en fruto.

ESTAMBRE
Órgano reproductor masculino. Tiene dos partes: el filamento y la antera, que alberga los granos de polen.

CÁLIZ
Formado por los sépalos, que tienen forma de hoja. Su función es proteger la yema floral.

LA POLINIZACIÓN

Cuando los insectos van de flor en flor, están llevando polen de una a otra, realizando lo que se llama polinización y haciendo posible que puedan crecer nuevas plantas y frutas.

2 El viento o los insectos recogen el polen de las anteras masculinas y lo llevan al estigma femenino de otra flor.

1 Los colores brillantes y el olor de las flores les dicen a los insectos que tienen néctar azucarado y polen, que es un alimento que les encanta comer.

3 En esta otra flor, el polen de la primera flor fertilizará sus óvulos, que se convertirán en semillas.

Los animales polinizadores no realizan esta actividad a propósito. Mientras se alimentan del néctar de las flores, a la vez benefician a la planta, pues el polen se pega a su cuerpo y así se traslada a otra flor.

FLORES DE RÉCORD

LA MÁS GRANDE
Rafflesia arnoldii es originaria del sudeste asiático. Puede llegar a tener un diámetro de más de 91 cm y pesar 11 kg.

LA MÁS PEQUEÑA
Conocida como «lenteja de agua australiana» mide apenas 0,5 mm de ancho y pesa 0,15 g.

LA MÁS ALTA
El «aro gigante» puede llegar a alcanzar los 3 m de altura y olerse a casi 1 km. Además, su aroma a carne podrida la convierte en la flor que peor huele del mundo.

¿Qué hay dentro de un fruto?

Un fruto es el ovario de la flor fecundado, transformado y maduro. Está compuesto por el pericarpio, o paredes del ovario, y la semilla, que son los óvulos fecundados. Forman parte de nuestro día a día y son imprescindibles en nuestra dieta. ¿Cuántos frutos has probado? Algunos pueden ser venenosos, así que ¡asegúrate antes de probar un fruto que no conoces!

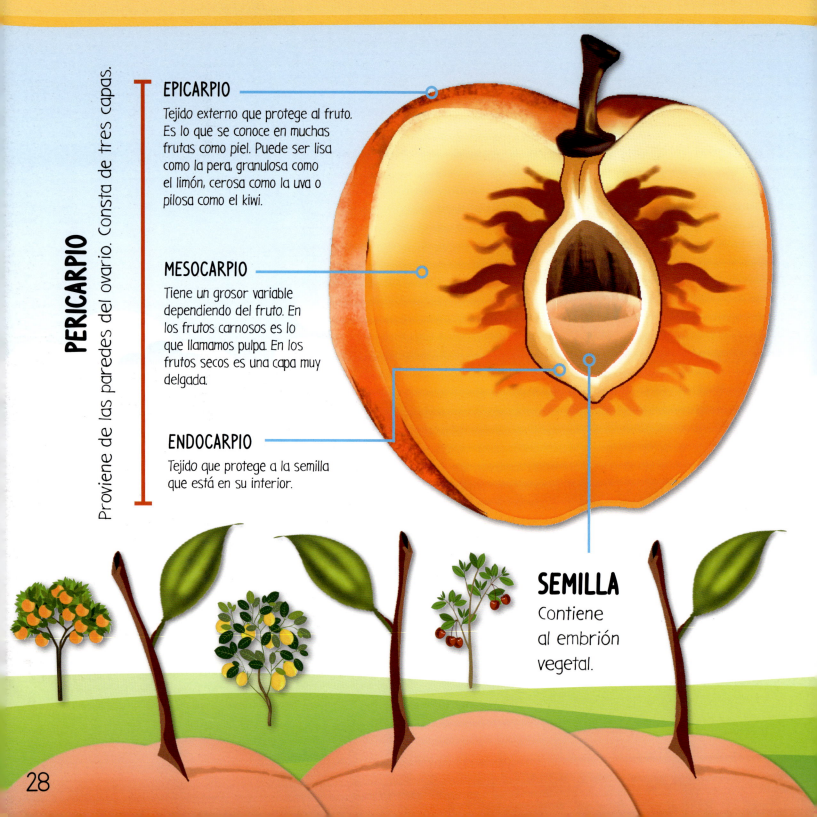

EPICARPIO
Tejido externo que protege al fruto. Es lo que se conoce en muchas frutas como piel. Puede ser lisa como la pera, granulosa como el limón, cerosa como la uva o pilosa como el kiwi.

MESOCARPIO
Tiene un grosor variable dependiendo del fruto. En los frutos carnosos es lo que llamamos pulpa. En los frutos secos es una capa muy delgada.

ENDOCARPIO
Tejido que protege a la semilla que está en su interior.

PERICARPIO
Proviene de las paredes del ovario. Consta de tres capas.

SEMILLA
Contiene al embrión vegetal.

LA FRUTA MÁS GRANDE

La fruta arbórea más grande del mundo procede del sur de Asia y es la fruta de yaca, o «jackfruit». Tiene un alto contenido en vitaminas A y C, calcio, fibra y magnesio. Se la llama también la «fruta de los siete sabores» ya que el sabor exótico de sus gajos recuerda a la mezcla de varias frutas. ¡Su peso oscila entre los 30 y 50 kg y tiene entre 25 y 60 cm de diámetro!

¿Sabías que la fresa es el único fruto que tiene sus semillas en la piel?

FRUTOS CARNOSOS Y FRUTOS SECOS

Según como sea el pericarpio, los frutos pueden ser carnosos o secos.

1 Si el pericarpio es carnoso, y está impregnado de agua y azúcares, hablamos de FRUTOS CARNOSOS. Es el caso de los albaricoques, las ciruelas, los melocotones, los aguacates, etc. Todos ellos tienen una semilla, pero hay frutos con varias semillas como la manzana, la naranja, el melón, etc.

2 Si el pericarpio es fino y dispone de menos de un 50 % de agua, estamos hablando de FRUTOS SECOS. Lo que nos comemos de estos frutos es la semilla. Frutos secos son las nueces, las almendras, las avellanas, etc.

¿Qué hay dentro de una semilla?

Una semilla es la parte interior del fruto. Cuando cae al suelo o se siembra da lugar a una nueva planta. Mediante su dispersión permite la propagación y la perpetuación de algunas especies. ¿Sabías que hay plantas que no tienen semillas y se reproducen por esporas? Es el caso de musgos y helechos.

CUBIERTA PROTECTORA
Estructura que protege al embrión. Hace posible que las semillas puedan trasladarse a grandes distancias sin daños y almacenarse durante periodos considerables de tiempo.

PLÚMULA
Es la yema que dará lugar a las primeras hojas.

HIPOCÓTILO
Dará origen al tallo de la plántula.

RADÍCULA
Emerge primero y formará la raíz primaria.

COTILEDÓN
Aporta al embrión los nutrientes para que la semilla germine y posteriormente genere sus primeras hojas verdaderas. Según el tipo de semilla, puede tener 1 o 2 cotiledones.

EMBRIÓN
Parte que se desarrolla y crece para originar una planta.

ENDOSPERMO
Tejido de almacenamiento de sustancias nutritivas para el embrión. No todas las semillas tienen endospermo.

¡QUÉ CURIOSO!

En las orquídeas, 30 000 semillas pesan como mucho un gramo. Pocas de ellas se convertirán en planta.

La semilla más grande es la del coco del mar y puede llegar a pesar ¡hasta 20 kg!

El teff (un cereal de África) es considerado el grano más pequeño del mundo, con apenas un milímetro de longitud.

¿QUÉ ES LA GERMINACIÓN?

La germinación es el proceso mediante el cual un embrión se desarrolla hasta convertirse en una planta.

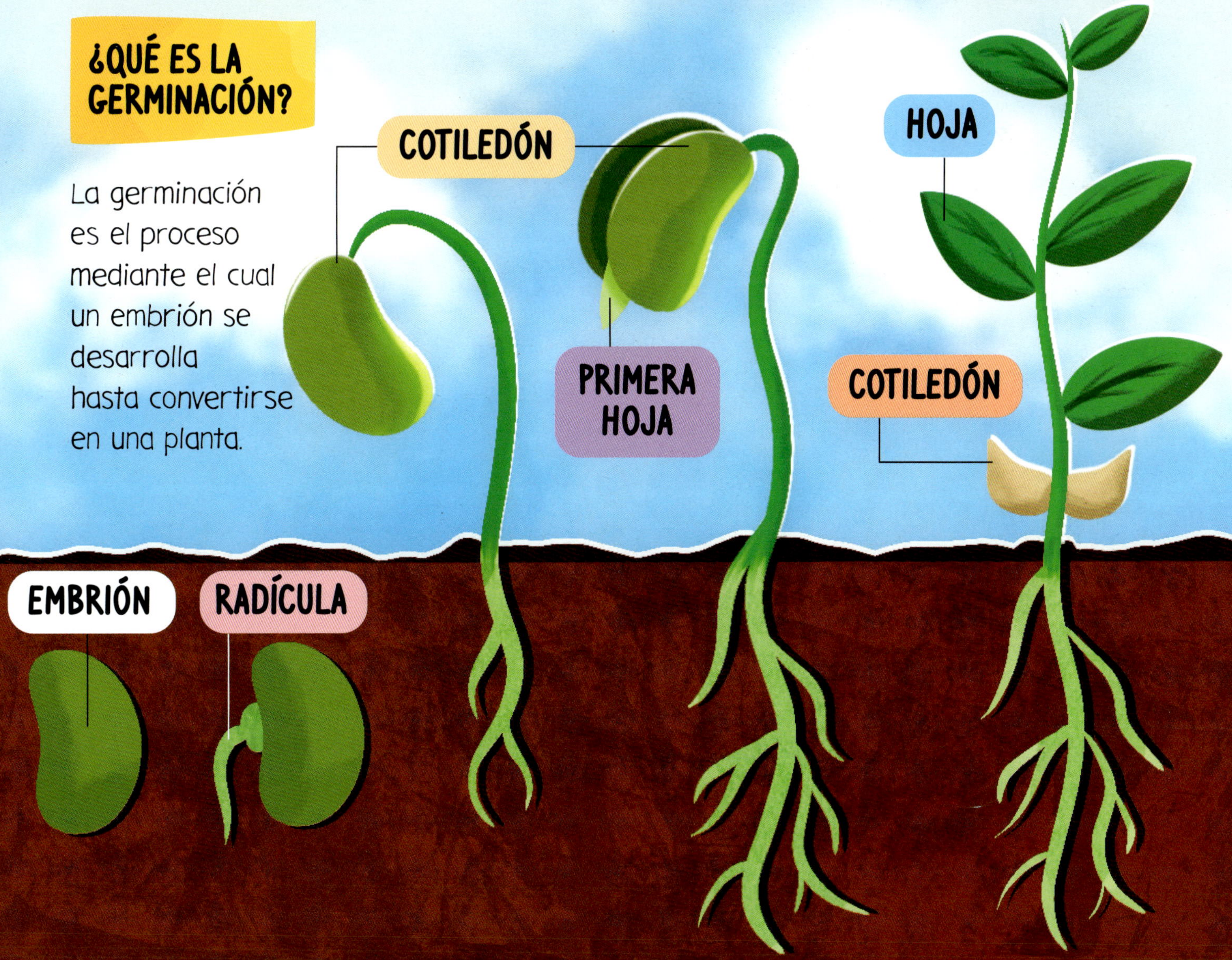

COTILEDÓN

HOJA

PRIMERA HOJA

COTILEDÓN

EMBRIÓN

RADÍCULA

¿Qué hay dentro de una planta carnívora?

Las plantas carnívoras son representantes fascinantes del mundo vegetal. Siglos de evolución en ambientes hostiles las han obligado a cambiar su morfología para sobrevivir y convertirse en depredadoras. Cazan utilizando pinzas, pelos pegajosos, trompetas, urnas y vejigas de succión. ¡Se han descubierto cerca de 700 especies distintas!

MÉTODOS DE CAPTURA

MANDÍBULA O CEPO

La «venus atrapamoscas» tiene sus hojas divididas en dos partes separadas por un nervio medio. Poseen espinas en los extremos y pelos largos y sensitivos sobre la superficie superior. Cuando un insecto se posa, y toca estos pelos (1), unas células se contraen en la parte de la bisagra y cierran la hoja ¡en menos de 0,16 segundos! (2).

Venus atrapamoscas

Drosera rotundifolia

SUSTANCIA VISCOSA
Poseen hojas que secretan un fluido viscoso parecido a la miel que atrae a las presas (1) y las atrapa (2). Las hojas se cierran lentamente y digieren el alimento (3).

Nepenthes

pared interior pulida y encerada

jugos gástricos

DE URNA
Sus hojas tienen forma de jarra y en la superficie de la abertura hay néctar que atrae a sus presas (1). El interior del receptáculo contiene un líquido con propiedades atrayentes, anestésicas y digestivas (2). ¡Una vez que caen aquí ya no pueden salir!

¿Cómo es por dentro un nenúfar?

El nenúfar es una de las plantas acuáticas más exóticas. Vive en lagos, arroyos, charcas y pantanos de corriente lenta y requieren de luz solar. Tiene su origen en lagos de África y en algunos países de Asia. A simple vista parece solo una flor o unas hojas que flotan sobre las aguas, pero esconde todo un mundo que no se ve. ¿Te apetece conocerlo?

EL MÁS PEQUEÑO...

El nenúfar más pequeño es el nenúfar enano ugandés, cuyas hojas apenas superan el centímetro de diámetro.

Y EL MÁS GRANDE

En el extremo opuesto está el nenúfar gigante *Victoria cruziana*. Sus hojas miden casi 2 m y pueden llegar a pesar 50 kg.

ESTOLONES
Alargados y esponjosos, desarrollan racimos de raíces.

RIZOMA
Enterrado en el sendimento, de él salen raíces y hojas.

HOJAS
Sus hojas adultas son flotantes, redondas u ovales. Su color suele ser de un verde intenso.

FLOR
La flor del nenúfar es tan bella como efímera, pues no dura más de tres o cuatro días. Suelen abrirse en verano.

En muchos lugares, los nenúfares se consideran un símbolo de fuerza porque sus hojas surgen de las aguas estancadas, peleando contra la fuerza que hace la propia agua y la gravedad de la Tierra.

TALLOS
Pueden medir hasta 3 m.

Los nenúfares son plantas acuáticas muy antiguas que han existido desde la época de los dinosaurios.

Los egipcios consideraban los nenúfares símbolos asociados a la separación de las deidades, a creencias sobre la muerte y el más allá. Creían en el olor divino de sus dioses, y que una de las fuentes de este olor venía del nenúfar del Nilo, un aroma a jacinto o violetas y a veces a mandarinas e higos. Se han encontrado restos de nenúfares en la tumba de Ramsés II.

¿Cómo es por dentro una colmena?

Una colmena está compuesta por varios panales de cera que se colocan de manera paralela. Las abejas melíferas, las que fabrican la cera y la miel, recolectan el néctar y el polen. Cuando una abeja detecta un campo de flores, regresa a la colmena y ¡ejecuta una danza para comunicar al resto su ubicación!

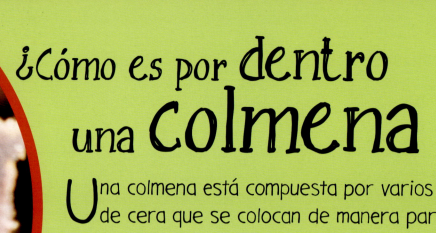

CELDILLAS
Cámaras con forma de hexágono donde se almacena el alimento y se alojan las crías.

Durante el verano, las obreras agitan sus alas y ventilan las celdillas de cría para que la temperatura no supere los 35 °C.

CELDILLAS REALES
Tienen forma de tubo y alojan a las futuras reinas.

CELDILLAS DE CRÍA DE ZÁNGANOS
Son más grandes que las de las obreras.

Las abejas sufren metamorfosis y pasan por las etapas de huevo, larva, ninfa y adulto.

Huevo — Larva — Ninfa — Adulto

Almacén de miel

Almacén de polen

Cría de zánganos

Cría de obreras

Cría de reinas

PARTES DE UN PANAL

En la parte superior del panal se encuentra el almacén de miel y polen. En la inferior está la zona de cría, separada en celdillas de las obreras, de los zánganos, que son un poco más grandes, y las celdas tubulares de las reinas. La zona de cría está presente en todas las colmenas, pero no en todos los panales.

OBRERA

REINA

ZÁNGANO

REINA NO HAY MÁS QUE UNA

En cada colmena solo puede haber una reina. A finales de la primavera, la primera que nace busca las otras larvas de reina y ¡las mata! Si alguna ha nacido, tienen un combate a muerte. La vencedora inicia su vuelo seguida por los zánganos. Después de ser fecundada vuelve a la colmena a poner los huevos. Las obreras, todas estériles, cuidarán siempre de la reina. Los zánganos que sobreviven serán expulsados antes del invierno, pues ya no tienen ninguna función.

LA DANZA DE LAS ABEJAS

Cuando una abeja sale en busca de comida y vuelve a casa, es cuando comienza la danza. De esta manera indica el mejor camino para encontrar las mejores flores para polinizar. A través de sus antenas sus compañeras saben lo que esta abeja está contando: basta con que las coloquen sobre la abeja que está danzando.

Si las flores están cerca, es suficiente con realizar una danza en forma de círculo.

Si por el contrario está más lejos, el baile se complica un poco y tiene forma de ocho o zigzag.

¿Cómo es por dentro un hormiguero?

Del hormiguero solo vemos un pequeño montículo de tierra en el suelo, pero debajo se esconden varios metros de túneles que permiten a las hormigas cuidar de sus crías y protegerse de depredadores. Parecen pequeños, pero ¡pueden albergar colonias de más de 250 000 hormigas!

ALMACÉN
Las obreras son todas hembras, pero no ponen huevos. Se encargan de recolectar y almacenar el alimento y de dar de comer a la reina. También se responsabilizan del cuidado de las crías en el nido durante todo el proceso de metamorfosis.

MONTÍCULO
Parte exterior visible. Es la entrada principal que conecta con una red de túneles y cámaras que alcanzan hasta 2 m bajo el suelo.

El hormiguero más grande está en el sur de Europa, con 6000 km de longitud.

La reina pone 1500 huevos al día.

Las hormigas amazona no son capaces de cuidar a sus crías ni de alimentarse, así que los soldados de esta especie atacan los nidos de otras hormigas y se llevan las ninfas a su hormiguero para que, al crecer, trabajen para ellas como obreras. ¡Y lo consiguen!

UN MUNDO DE HORMIGAS

- Existen más de 12 000 especies distintas de hormigas y se encuentran en todas las regiones del mundo.

- Son omnívoras, aunque muchas prefieren un alimento determinado. Las hay cazadoras, las que prefieren semillas, e incluso existen las hormigas de la miel, que tienen un tipo especial de «obreras odre», que se cuelgan del techo y almacenan en su abdomen un líquido azucarado del que se alimenta el resto.

- Las hormigas carpinteras construyen sus nidos dentro del tronco de los árboles. Abren túneles en la madera utilizando sus fuertes mandíbulas. ¡Las hormigas soldado pueden proteger la entrada bloqueándola con su cabeza!

COMIDA FRESCA
Las obreras introducen la comida en el hormiguero tras recogerla de los alrededores.

CÁMARAS DE HUEVOS
Durante el día, las hormigas obreras mueven las larvas a las habitaciones de la parte superior del hormiguero, para que obtengan más calor. Por la noche, las llevan de nuevo a las cámaras inferiores.

Pueden levantar hasta 50 veces su propio peso.

La reina es la más grande del hormiguero.

TÚNELES

CÁMARA DE LA REINA
La reina es la madre de todas las hormigas del hormiguero y puede vivir hasta 30 años.

¿Cómo es por dentro una topera?

Los topos habitan solo en el hemisferio norte. Son animales solitarios que viven en los túneles subterráneos que construyen y que se detectan por montículos de tierra. Rara vez salen a la superficie, así que ¡casi nunca ven la luz!

HAY MUCHA VIDA BAJO TIERRA

Las madrigueras son cavidades construidas bajo tierra para vivir, cuidar a las crías o alimentarse. Pueden ser un simple agujero o una compleja red de túneles. En ellas viven zorros, conejos, marmotas, lechuzas, castores, suricatas, ratas y un largo etcétera.

MADRIGUERA DEL ZORRO

Los zorros suelen excavar agujeros en el suelo para hacer sus cuevas u ocupan madrigueras de otros animales. Suelen utilizarlas durante años para criar a sus crías.

NIDO

Espacio donde cuidan de sus crías. La gestación dura entre cuatro y seis semanas. Suelen nacer de tres a seis crías que pesan poco más de tres gramos.

ASOMBROSA ADAPTACIÓN

Los topos se han adaptado para vivir bajo tierra. Tienen un cuerpo alargado y ojos pequeños para protegerlos. Carecen de pabellón auditivo externo y su sentido del tacto está muy desarrollado gracias a unos pelos especiales que tienen en cara, extremidades y cola. Sus patas son cortas y fuertes para poder excavar bien. A veces construyen túneles de 150 m. Su tamaño es de 10 a 15 cm, ¿te imaginas su esfuerzo?

MONTÍCULO
Restos de tierra que quedan en superficie después de cavar las galerías. Son la entrada a la red de túneles.

TÚNELES DE ALIMENTACIÓN
Al cavar se encuentran con lombrices, larvas o gusanos que les sirven de alimento. El topo necesita ingerir diariamente cantidades que están entre el 50 % y el 100 % de su peso.

TÚNELES
Conectan las distintas cámaras.

DESPENSA
La saliva de los topos contiene toxinas capaces de paralizar a las lombrices para comérselas después. Con este objetivo preparan estas despensas.

¿Cómo es una tela de araña?

Existen más de 42000 especies de arañas que se reparten por todo el mundo, incluso en la Antártida. Las arañas tejedoras fabrican las telas más resistentes, variadas y espectaculares de la naturaleza. La gran mayoría se alimenta de los insectos que quedan atrapados en ellas. En el 2006 se localizó un fósil de una telaraña con presas en su interior ¡de hace 110 millones de años!

1 NIDO SUBTERRÁNEO

2 NIDO SUBTERRÁNEO CON OPÉRCULO

3 NIDO COMUNITARIO

USO DE LA SEDA

Las arañas poseen varias glándulas que producen distintos tipos de seda según el uso que vayan a hacer de ella. Al principio es líquida, pero se solidifica al contacto con el aire. Además de utilizarla para construir telarañas, la usan para desplazarse y no caer al suelo. También fabrican capullos para proteger sus huevos o excavan galerías subterráneas donde construyen nidos que cubren con hilos de seda (1). Algunas especies tapan estos nidos con un opérculo (2) y otras solo ponen seda y restos vegetales en la entrada.

La mayoría de las arañas son solitarias, aunque existen casos de arañas sociales. En las agrupaciones más complejas, las arañas pasan toda su vida juntas y comparten la misma telaraña, que puede contar ¡con más de cien individuos! (3).

42

RADIOS
Parten de los hilos de sostén y van hacia el centro de la futura red.

ZONA DE CAPTURA
Desde el centro de la red se van tejiendo espirales hacia fuera. Cuando se seca esta espiral, se construye otra desde fuera hacia dentro, con seda más viscosa, donde quedarán atrapadas las víctimas.

Un hilo de araña puede ser más resistente que un filamento de acero de igual grosor. Es tan elástico que se puede estirar hasta 20 veces su tamaño sin romperse.

HILO DE SOSTÉN
Primeros hilos tendidos que sirven de soporte al resto de la red.

CÓMO CAZAN LAS ARAÑAS
Muchas arañas permanecen quietas en la red a la espera de que algún insecto quede atrapado en ella. Cuando esto ocurre se dirigen hacia la presa y en una maniobra rapidísima recubren al insecto con una capa pegajosa de la que no podrá escapar.

¿Qué hay dentro de una Crisálida?

Existen 140 000 especies de mariposas de diversas formas, tamaños y colores, diurnas y nocturnas pero, lo más importante, durante su vida ¡no siempre presentan el mismo aspecto!

1 HUEVO
La hembra pone un gran número de huevos sobre las hojas o en un tallo. ¡Puede poner hasta mil huevos!

2 ORUGA
La oruga sale del huevo y empieza a alimentarse con los restos del mismo. Durante su crecimiento cambia cuatro o cinco veces de piel y, entre cada muda, ¡no para de comer!

3 CRISÁLIDA
Cuando la oruga finaliza su crecimiento busca un lugar para colgarse, o enterrarse, y se convierte en crisálida. Esta no se alimenta y permanece prácticamente inmóvil, aunque se están produciendo profundos cambios en su interior.

Si la mariposa es nocturna, hará su crisálida enterrándose. La oruga buscará un lugar donde excavar para formar su crisálida. Una vez enterrada, confeccionará un capullo blando cuya función es crear una cámara de aire y evitar que la tierra se derrumbe sobre ella.

LAS MARIPOSAS RECIÉN NACIDAS NO VUELAN

Las mariposas recién nacidas no vuelan inmediatamente. Cuando salen de la crisálida necesitan primero poner en movimiento sus fluidos corporales para que las alas se extiendan. Luego, esperan unas horas para fortalecerse y entonces vuelan hacia el cielo.

4 MARIPOSA

Cuando el adulto está formado, rompe la pared de la crisálida, se cuelga de las patas y despliega las alas para que se sequen. Luego inicia el vuelo.

En la mayoría de las mariposas diurnas la oruga se cuelga de una rama, pero muchas nocturnas protegen a la crisálida con ramas y barro.

DIFERENTE ALIMENTACIÓN

Las orugas comen sobre todo vegetales. Según la especie, pueden ser hojas, flores, semillas, frutos o raíces. Hay también un grupo que puede comer harina, cartones o fibras de tejidos. ¿Has visto alguna vez un jersey de lana con agujeros que han hecho las larvas de polillas?

Los adultos con espiritrompa en su mayoría liban el néctar de las flores. Algunas especies tienen mandíbulas y pueden masticar hojas de plantas y árboles.

¿Qué es un renacuajo?

Un renacuajo vive en ríos, arroyos, estanques y pantanos. Habita en este medio mientras completa su metamorfosis para convertirse en una rana adulta. Es de un color cercano al marrón y tiene cola y branquias. ¡No se parece mucho a sus padres!

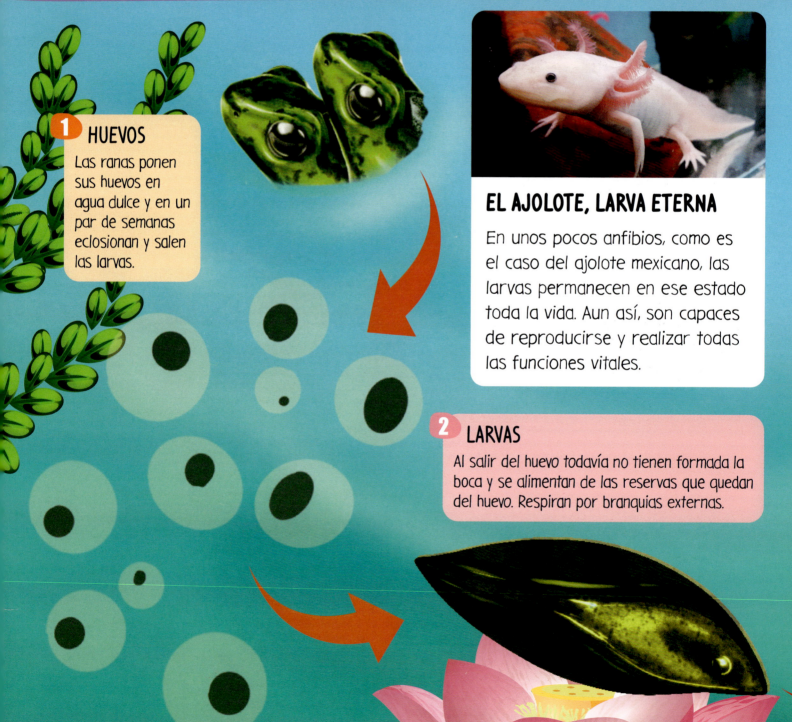

1 HUEVOS
Las ranas ponen sus huevos en agua dulce y en un par de semanas eclosionan y salen las larvas.

EL AJOLOTE, LARVA ETERNA
En unos pocos anfibios, como es el caso del ajolote mexicano, las larvas permanecen en ese estado toda la vida. Aun así, son capaces de reproducirse y realizar todas las funciones vitales.

2 LARVAS
Al salir del huevo todavía no tienen formada la boca y se alimentan de las reservas que quedan del huevo. Respiran por branquias externas.

METAMORFOSIS DE UNA RANA

La metamorfosis dura entre 10 y 12 semanas de media, aunque depende de la especie y de las condiciones ambientales, sobre todo de la temperatura. Los renacuajos viven en grupos y son un alimento muy preciado para peces, aves zancudas, reptiles, mamíferos e insectos acuáticos.

4 ADULTOS

Al completar la metamorfosis, los renacuajos se convierten en ranas. Pierden la cola, el aparato branquial degenera y se desarrolla una bolsa estomacal. Los adultos respiran por pulmones y realizan intercambios de gases a través de la piel, lo que les permite vivir en el medio terrestre y en el acuático.

A los renacuajos estresados por la presencia de depredadores les pueden crecer colas más largas que les permiten escapar más rápido de los ataques.

3 RENACUAJOS

Tienen ya una pequeña boca y una fila de dentículos alrededor de ella. Desarrollan una cola con la que se desplazan con movimientos parecidos al de los peces. Respiran por branquias internas y son herbívoros.

¿Cómo es por dentro una tortuga?

Las tortugas tienen el cuerpo protegido por un caparazón que está soldado a su columna vertebral, por lo que no pueden desprenderse de él. En la mayoría de las especies está reforzado por escudos. No tienen dientes, sino un pico córneo afilado. Son muy longevas y los reptiles más antiguos del planeta. ¡Llevan aquí más de 200 millones de años!

¿QUÉ HAY DENTRO DEL CAPARAZÓN?

Dentro del caparazón de la tortuga hay una gran cavidad central, que es donde se sostienen sus órganos internos. ¡Es increíble ver cómo todo encaja allí!

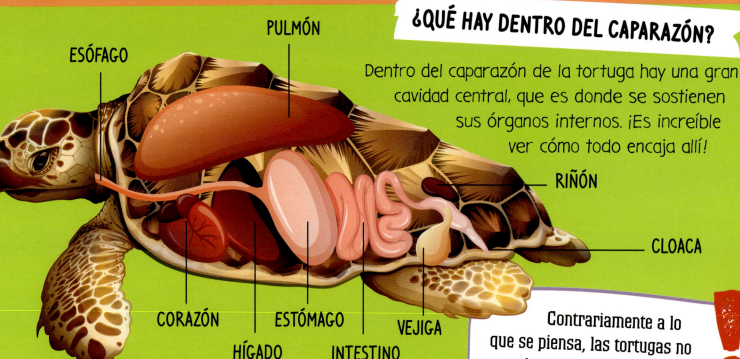

Las tortugas no nacen con caparazón. Lo van desarrollando y, cuando se completa, les sirve de hogar para toda la vida.

Contrariamente a lo que se piensa, las tortugas no pueden desprenderse de sus caparazones: son parte de su estructura ósea. Sería como tratar de vivir sin esqueleto.

- CRÁNEO
- VÉRTEBRAS CERVICALES
- EXTREMIDADES ANTERIORES
- CINTURA ESCAPULAR
- COSTILLAS
  Muchas de ellas están soldadas al caparazón.
- CINTURA PÉLVICA
- EXTREMIDADES POSTERIORES
- VÉRTEBRAS CAUDALES

CUELLO

Hay especies que retraen el cuello hacia el interior de sus caparazones, y otras que lo doblan hacia un lado y lo meten en el hueco de las patas.

ESPALDAR
Parte superior del caparazón.

PETO
Parte inferior del caparazón.

ALETAS

Las tortugas pueden ser terrestres, marinas y de agua dulce. La forma de sus patas es distinta y está adaptada al medio en el que pasan más tiempo.

1. MARINAS
En forma de aleta.

2. AGUA DULCE
Dedos unidos por membranas.

3. TERRESTRES
Patas robustas y dedos cortos.

Las tortugas marinas pueden poner más de 100 huevos en agujeros que excavan en la arena, cerca de la orilla. La mayoría de los bebés tortuga son devorados por depredadores durante su carrera hacia el mar tras la eclosión de los huevos. Si llegan a adultos, y según la especie, ¡pueden vivir entre 100 y 200 años!

49

¿Tienen los peces esqueleto por dentro?

Los peces tienen una columna vertebral que da soporte al cuerpo. Hace unos 420 millones de años, se dividieron en dos grupos distintos: óseos y cartilaginosos. En los peces óseos, el esqueleto (las espinas) y el cráneo están compuestos por múltiples huesos. Las branquias están protegidas del exterior por un opérculo. Poseen vejiga natatoria, lo que les permite flotar.

CAJA CRANEANA
Formada por muchas piezas. Poseen mandíbula articulada.

OPÉRCULO
Protege a las branquias.

ALETA DORSAL (ANTERIOR)

ALETA DORSAL (POSTERIOR)

ESPINAS CAUDALES

ÓRBITA

ALETA PÉLVICA

COSTILLAS

COLUMNA VERTEBRAL
Formada por vértebras.

ALETA ANAL

EL PEZ ÓSEO MÁS LARGO

El pez remo suele habitar en aguas profundas y es el pez óseo más largo jamás avistado, pudiendo alcanzar los 17 m de longitud.

EL PEZ ÓSEO MÁS PESADO

El pez luna es el pez óseo más pesado del mundo, con una media de 1000 kg de peso y con ejemplares que alcanzan más de 3 m de longitud y superan las dos toneladas.

VÉRTEBRAS

Forman la columna vertebral. Se articulan entre sí por pequeñas almohadillas. Tienen un cuerpo cilíndrico en el centro y los arcos neural y hemal que se prolongan en las espinas.

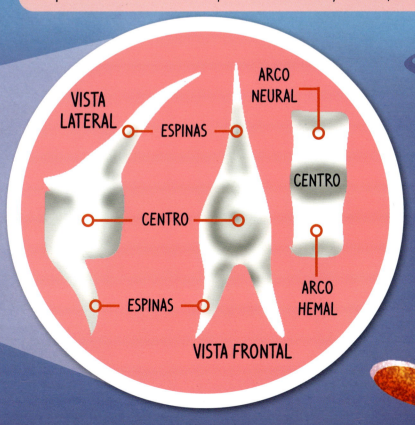

Los primeros vertebrados en nuestro planeta fueron peces, y los científicos creen que aparecieron por primera vez hace unos 480 millones de años.

¿Y cómo son los peces cartilaginosos por dentro?

RAYAS, MANTAS Y TORPEDOS
Las rayas, las mantas y los torpedos tienen un cuerpo aplanado, en forma de rombo o disco, y unas aletas pectorales muy grandes que se juntan con la cabeza. Las hendiduras branquiales están en la parte ventral.

QUIMERAS
Las quimeras tienen una cabeza protuberante y una cola larga, responsable de que en ocasiones alcancen los 2 m de longitud. A diferencia de los demás peces cartilaginosos, sus branquias están cubiertas por una solapa de piel.

La mandíbula de las quimeras está unida al cráneo y su dentadura consta de tres pares de placas dentales, que crecen lenta y continuamente.

Los peces cartilaginosos tienen un esqueleto formado por cartílago, un tejido más blando y flexible que los huesos, aunque muy resistente. Poseen hendiduras branquiales que se abren directamente al exterior. No tienen vejiga natatoria, por lo que ¡no pueden dejar de nadar o se hundirían! En este grupo están los tiburones, las rayas, las mantas, los torpedos y las quimeras.

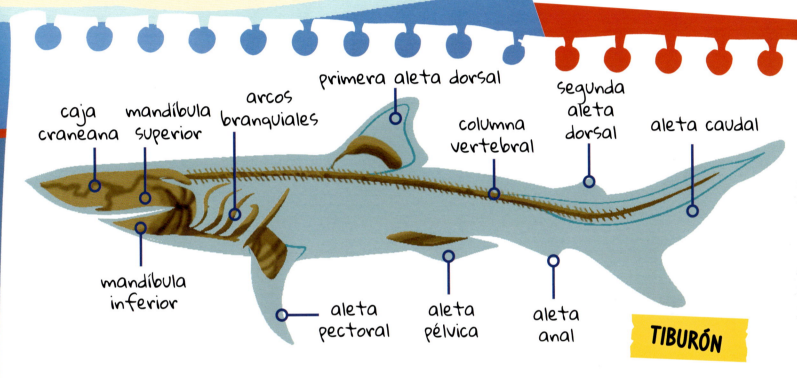

TIBURÓN

BOCA Y DIENTES DE TIBURÓN

Las mandíbulas de este grupo son móviles, ya que están suspendidas por un cartílago que las une al cráneo. Esto permite que la mandíbula inferior pueda proyectarse hacia afuera, lo que le facilita atrapar a su presa.

Cada especie de tiburón tiene una forma de diente única: con muchas cúspides puntiagudas, cónicos, largos, etc. No están anclados a las mandíbulas y se disponen en varias filas. Cuando la primera se desgasta se sustituye por la segunda y así sucesivamente. Con este sistema ¡pueden llegar a tener 20 000 dientes a lo largo de su vida!

ALGUNOS TIPOS DE DIENTES DE TIBURÓN

cañabota gris — tiburón tigre — mako

¿Cómo es por dentro un colmillo de serpiente?

Las serpientes no tienen patas, pero pueden moverse a gran velocidad. Se encuentran por casi todo el mundo y las hay de todas las formas y colores. Hay especies que miden 10 cm y otras que alcanzan los 12 m. Tienen colmillos con los que muerden y paralizan a sus presas, pero no las mastican.

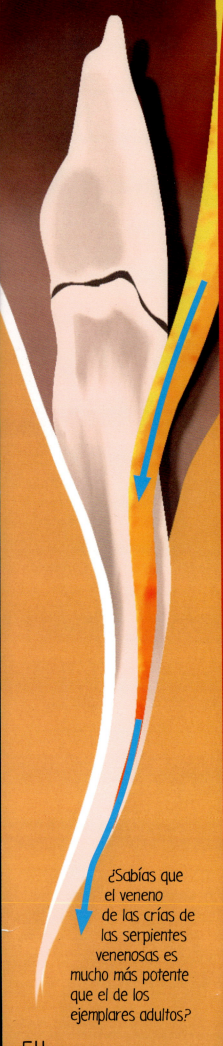

COLMILLO
Con un canal interno para inocular el veneno.

CONDUCTO DEL VENENO
Canal por el que circula el veneno desde el saco al colmillo.

SACO DEL VENENO
Se almacena el veneno sintetizado por las glándulas.

MANDÍBULA ARTICULADA
Unida por ligamentos flexibles que permiten desplazar la mandíbula inferior cuando tienen que abrir más la boca por el tamaño de su presa.

¿Sabías que el veneno de las crías de las serpientes venenosas es mucho más potente que el de los ejemplares adultos?

No todas las serpientes son venenosas, pero su saliva siempre tiene un cierto efecto tóxico. ¡Mejor que no te muerda ninguna!

TIPOS DE COLMILLOS

La forma y la posición de los colmillos varía de unas especies a otras, y permite distinguir a las venenosas de las que no lo son.

1. Dientes pequeños, cortos, ligeramente curvados y sin surco interior. No son venenosas.

2. En la parte posterior aparecen un par de dientes más largos, curvados y con un surco por el que discurre el veneno.

3. Dos colmillos fijos y cortos en la parte anterior con canal de veneno. Son peligrosas.

4. Un par de colmillos muy largos, curvados y móviles en la parte anterior, con canal de veneno. Penetran profundo en los tejidos. Cuando la boca está cerrada, los colmillos se repliegan. Muy peligrosas.

La serpiente más venenosa del mundo es la taipán del interior. Su veneno es 50 veces más tóxico que el de la cobra. ¡Puede matar a un humano en 45 minutos!

¿Sabías que las serpientes venenosas pueden decidir si administrar mucha o poca dosis de veneno cuando muerden?

¿Cómo es por dentro un huevo?

Seguro que has comido huevos muchas veces: fritos, cocidos, en tortilla... ¡Qué ricos! Pero... ¿alguna vez te has parado a pensar qué es un huevo?

¿QUÉ ES UN HUEVO?

Un huevo es un cuerpo redondeado u ovalado, con una membrana y una cáscara exterior, que contiene el embrión de un nuevo animalito (ave, anfibio, reptil, pez, insecto) y el alimento necesario para que crezca. La cáscara del huevo es una delgada capa mineral (de unos 0,35 mm de espesor) que protege el contenido del huevo contra impactos, deshidratación y contaminación por microorganismos.

El huevo más pequeño que existe pertenece al colibrí zunzuncito, que con sus 0,5 g de peso es, a su vez, el más pequeño de todos los colibríes.

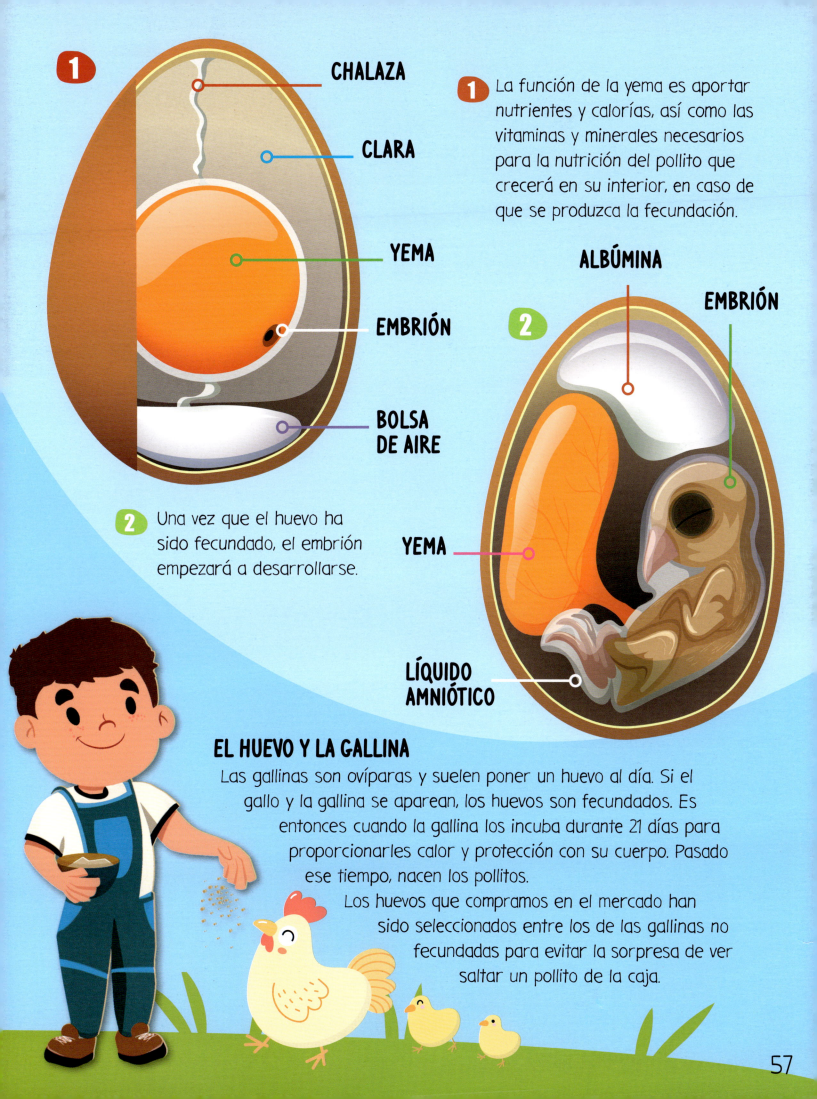

1
- CHALAZA
- CLARA
- YEMA
- EMBRIÓN
- BOLSA DE AIRE

1 La función de la yema es aportar nutrientes y calorías, así como las vitaminas y minerales necesarios para la nutrición del pollito que crecerá en su interior, en caso de que se produzca la fecundación.

2
- ALBÚMINA
- EMBRIÓN
- YEMA
- LÍQUIDO AMNIÓTICO

2 Una vez que el huevo ha sido fecundado, el embrión empezará a desarrollarse.

EL HUEVO Y LA GALLINA

Las gallinas son ovíparas y suelen poner un huevo al día. Si el gallo y la gallina se aparean, los huevos son fecundados. Es entonces cuando la gallina los incuba durante 21 días para proporcionarles calor y protección con su cuerpo. Pasado ese tiempo, nacen los pollitos.

Los huevos que compramos en el mercado han sido seleccionados entre los de las gallinas no fecundadas para evitar la sorpresa de ver saltar un pollito de la caja.

¿Cómo es por dentro una pluma?

Las plumas están compuestas de queratina, como nuestras uñas y cabello. Es un material fuerte y ligero, idóneo para el vuelo. Además de para volar, las aves utilizan las plumas para nadar, cortejar a las hembras, camuflarse, rellenar los nidos, mantener la temperatura e incluso para caminar en la nieve. ¡Tienen más de 20 funciones distintas!

PARTES DE UNA PLUMA

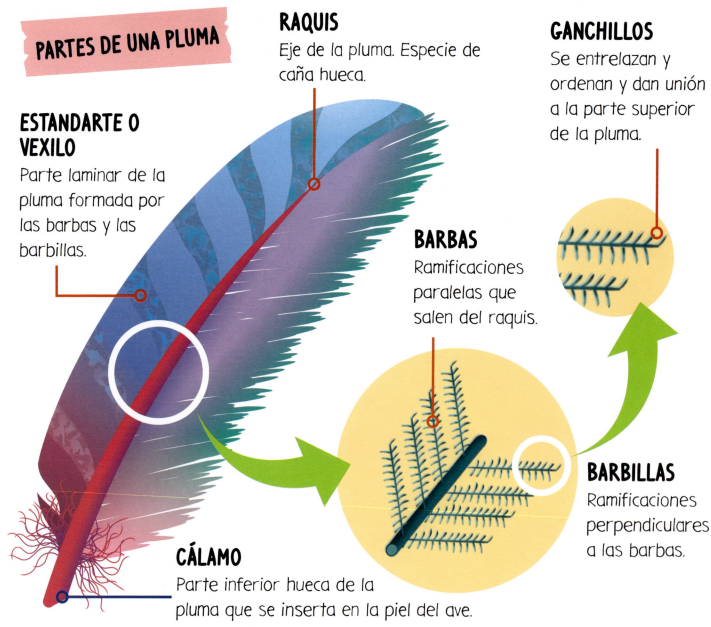

RAQUIS
Eje de la pluma. Especie de caña hueca.

GANCHILLOS
Se entrelazan y ordenan y dan unión a la parte superior de la pluma.

ESTANDARTE O VEXILO
Parte laminar de la pluma formada por las barbas y las barbillas.

BARBAS
Ramificaciones paralelas que salen del raquis.

BARBILLAS
Ramificaciones perpendiculares a las barbas.

CÁLAMO
Parte inferior hueca de la pluma que se inserta en la piel del ave.

ALGUNOS TIPOS DE PLUMAS

¿PARA QUÉ SIRVEN?

Además de para volar, son muy útiles para protegerse del viento, mantener y regular la temperatura corporal, protegerse del sol, flotar, rellenar los nidos y dar calor a los huevos, camuflarse, enviar señales visuales, cortejar a la pareja, sentir, nadar, bucear y deslizarse por la nieve, como hacen los pingüinos, o cubrir sus patas para protegerse en el invierno, como los urogallos. ¿Imaginabas que las plumas eran tan útiles?

COLA
El vexilo tiene igual tamaño a ambos lados del raquis.

ALA
El vexilo es más ancho por un lado para cortar el aire al volar.

SEMIPLUMA
Ayudan a mantener el calor o a flotar en el caso de aves acuáticas.

FILOPLUMA
Alrededor de cola y alas.

CERDA
Alrededor de ojos y orificios nasales. Refuerzan los sentidos.

PLUMÓN
Mantienen el calor del cuerpo.

Los búhos tienen unas plumas alzadas en su cara que permiten recoger los sonidos y dirigirlos a sus oídos. Además, las plumas de las alas de las aves nocturnas son suaves y serradas en sus extremos para amortiguar el sonido producido por el aire, aunque vuelen a toda velocidad. ¡Por eso caen sobre sus presas sin que las oigan!

¿QUÉ AVES TIENEN MÁS PLUMAS?

Las aves más pequeñas tienen menos cantidad de plumas que las grandes. El pequeño colibrí de pecho colorado cuenta con apenas 940, mientras que el cisne de la tundra (que es mucho más grande en tamaño) tiene más de 25 000 plumas.

¿Cómo somos por dentro?

Los seres humanos poseemos un esqueleto que se encarga de sostener el cuerpo, proteger algunos órganos y, junto con el sistema muscular, nos permite movernos. Equivale al 14 % del peso corporal y está formado por huesos, ligeros pero muy fuertes. Un adulto tiene 206 huesos y 106 están repartidos entre manos y pies, ¡más de la mitad del total!

¡INCREÍBLE!

- Un bebé nace con unos 300 huesos. A medida que crece se van fusionando entre sí para terminar de formarse.

- Los huesos están vivos. Se descomponen y van reconstruyéndose constantemente a lo largo de la vida en ciclos que duran unos siete años.

- En el esqueleto los huesos están unidos por 360 articulaciones entre móviles y fijas. La cabeza es la parte del cuerpo donde hay más. ¡Tiene 86 articulaciones!

- El hueso más pequeño es el estribo. Mide unos 3 mm y está en el oído interno.

- Por la mañana medimos cerca de 2 cm más que por la noche. Es por el tamaño de los discos intervertebrales, que pierden consistencia a lo largo del día.

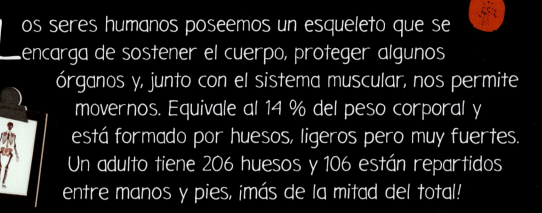

TIBIA
Soporta casi todo el peso del cuerpo.

PERONÉ
Hueso más fino de la pierna.

En el cuello tenemos exactamente el mismo número de huesos que las jirafas: 7 vértebras cervicales. Claro que hay un pequeño truco, las suyas son… ¡20 veces más grandes!

CRÁNEO
Consta de 22 huesos si contamos con los 14 de la cara.

OMÓPLATO
Junto con el húmero articula el brazo.

CLAVÍCULA
Sostiene hombro y brazo.

COLUMNA VERTEBRAL
Formada por las vértebras, separadas por discos intervertebrales.

ESTERNÓN
Punto de fijación de las costillas.

COSTILLAS
Hay 12 pares, 24 en total. Una de cada 500 personas tiene 25 costillas.

RÓTULA
Forma parte de la articulación de la rodilla.

HÚMERO
Une el hombro con el codo.

FÉMUR
Hueso más largo. Une la pelvis con la rótula.

CÚBITO
Hueso interior del antebrazo.

RADIO
Hueso exterior del antebrazo.

PELVIS
Punto de unión a los huesos de los miembros inferiores.

¿Qué hay dentro de la tripa de mamá?

En la mayoría de los mamíferos, el embrión, formado después de la fecundación del óvulo, se desarrolla en una estructura especializada dentro del vientre de la madre. En los humanos el embarazo dura unas 40 semanas. ¿Quieres saber cómo es su evolución?

1 SACO AMNIÓTICO
Membrana que envuelve al líquido amniótico y al feto.

2 CORDÓN UMBILICAL
Une al feto con su madre a través de la placenta.

3 PLACENTA
Órgano que se desarrolla durante el embarazo. Aporta oxígeno y nutrientes y retira desechos a través del cordón umbilical.

6 LÍQUIDO AMNIÓTICO
Fluido líquido que rodea al feto durante su desarrollo.

5 FETO
A partir de la octava semana de gestación el feto ya tiene todos los órganos, que se desarrollarán hasta completar su maduración antes del nacimiento.

4 CANAL DEL PARTO
Conducto de salida del bebé al exterior en el parto.

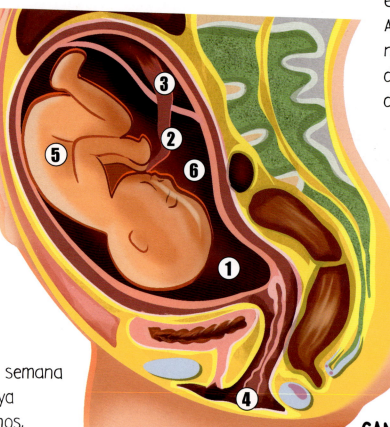

DESARROLLO PRENATAL

1 EMBRIÓN 5 SEMANAS
Comienza a diferenciarse la cabeza y se desarrollan las protuberancias que serán los brazos y las piernas. Ya hay un corazón y se produce el primer latido. Le faltan 3 semanas para tener brazos y piernas y un esbozo de todos los órganos. Será entonces un feto.

2 FETO 11 SEMANAS
Tiene dedos que puede mover y formados todos los órganos que siguen creciendo. El encéfalo está en desarrollo. El feto mide entre 4 y 6 cm y pesa unos 8 g. Al final del primer trimestre se puede conocer el sexo del futuro bebé.

Las huellas dactilares empiezan a formarse en la semana 10 y serán una señal única de por vida.

El feto se pasa el día durmiendo porque el cerebro necesita mucha energía para formarse.

El tiempo de gestación en los mamíferos es variable. Desde el ratón casero, que en solo 19 días pare a la camada, al elefante africano, que lleva a su cría en el vientre ¡durante 22 meses!

3 FETO 26 SEMANAS
Ya pestañea y responde a estímulos luminosos y sensoriales como las caricias. Puede succionar, rascarse, oír y tragar. Inicia el ciclo de sueño y vigilia.

4 FETO 38 SEMANAS
Los pulmones han completado su desarrollo. Ya no tiene mucho espacio en el interior. ¡Está listo para nacer!

PALABRAS PARA APRENDER

Árbol. El árbol es una planta leñosa, con un solo tallo o tronco que crece a una altura considerable y ramas laterales que brotan a cierta distancia del suelo.

Colmena. Es el hogar donde vive una colonia de abejas. Está formada por muchísimas celdas de forma hexagonal (con seis lados) donde las abejas viven en familia.

Colmillo de serpiente. Las serpientes tienen dos largos colmillos móviles en la parte anterior de su mandíbula; son huecos, con un canal interior cerrado y conectado con glándulas venenosas.

Crisálida. La etapa de crisálida o pupa es aquella en que la mariposa sufre una profunda metamorfosis. Durante esta fase la mariposa permanece inmóvil y no come. «Crisálida» es el nombre de la capa que la recubre y protege, también llamada «capullo».

Embarazo. Etapa en la que se forma y crece un nuevo ser en el vientre de una mujer. Dura en torno a los nueve meses.

Esqueleto. El esqueleto es el conjunto de huesos que sostiene nuestro cuerpo y protege algunos de nuestros órganos. Gracias a él podemos caminar, correr, saltar, trepar...

Falla. Una falla es una grieta en la corteza terrestre.

Flor. La flor es la parte de la planta encargada de la reproducción.

Fosa oceánica. Las fosas oceánicas son los lugares de mayor profundidad registrados en el océano, alcanzando en ocasiones los 7 a 11 km por debajo de la superficie del mar.

Fósil. Los fósiles son los restos conservados de una planta o un animal, como sus huesos, o impresiones de sus actividades, como las huellas.

Fruto. El fruto es la parte de las plantas que se encarga de proteger las semillas y asegurar su dispersión.

Hoja. Es el órgano por donde las plantas captan la luz para hacer la fotosíntesis.

Hormiguero. Las hormigas viven en nidos llamados hormigueros. ¡En un hormiguero puede haber más de medio millón de hormigas! Dentro conviven diferentes grupos de hormigas, y cada uno de ellos se encarga de realizar una tarea determinada.

Huevo. Es un cuerpo redondeado u ovalado, que ponen las hembras de algunos animales y que contiene en su interior el embrión de un nuevo ser y el alimento necesario para que crezca.

Manglar. Es un terreno pantanoso en el que abundan ciertos tipos de plantas y árboles que se han adaptado a áreas inundadas de agua salada.

Nenúfar. Es una planta acuática que flota. Tiene dos tipos de hojas, las que crecen por debajo del agua y las que lo hacen en la superficie de esta.

Peces cartilaginosos. Tienen todo su esqueleto formado por cartílagos y no tienen espinas, su piel es áspera y sin escamas, respiran por branquias, que están protegidas por hendiduras branquiales (normalmente de cinco a siete) y no tienen vejiga natatoria.

Peces óseos. Son los peces que tienen un esqueleto formado por hueso. Además, su piel está cubierta de escamas, respiran por branquias cubiertas por un opérculo, y cuentan con vejiga natatoria.

Planeta gaseoso. Son los planetas que están hechos casi en su totalidad de gas, como Júpiter, Saturno, Urano y Neptuno. ¡No te podrías poner de pie en su superficie!

Planeta rocoso. Son los planetas del sistema solar que tienen una superficie rocosa compacta, como la de Mercurio, Venus, la Tierra y Marte.

Planta carnívora. Son plantas que cubren sus necesidades alimenticias comiendo insectos. En realidad, llamarlas carnívoras es un poco exagerado...

Pluma. La pluma es un elemento que forma parte del cuerpo de todas las aves, que sirve para recubrir su piel, permitiéndoles protegerse mejor del frío, viento, agua, etc.

Renacuajo. Es el nombre que reciben las larvas de las ranas. Cuentan con una larga cola y respiran a través de branquias.

Semilla. Una semilla es la parte del fruto de los vegetales que contiene el germen de una nueva planta.

Sol. Es la estrella (una enorme esfera de gas caliente que está brillando y girando continuamente) más cercana a la Tierra.

Tela de araña. Es la tela que forma la araña segregando un hilo muy delgado, pero increíblemente resistente, para dar caza a sus presas.

Topera. Es el sistema de túneles o galerías que rodea el nido de un topo. Aquí desarrolla el animal su vida normal, siendo muy raro que salga de ella.

Tortuga. Es un reptil con un caparazón que protege sus órganos internos, ¡es como si llevara su casa a cuestas!

Volcán. Es una montaña muy grande por la que sale el magma, rocas del interior de la Tierra que están derretidas y muy calientes.